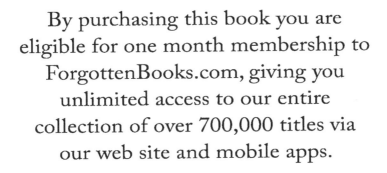

English
Français
Deutsche
Italiano
Español
Português

www.forgottenbooks.com

Mythology Photography **Fiction**
Fishing Christianity **Art** Cooking
Essays Buddhism Freemasonry
Medicine **Biology** Music **Ancient**
Egypt Evolution Carpentry Physics
Dance Geology **Mathematics** Fitness
Shakespeare **Folklore** Yoga Marketing
Confidence Immortality Biographies
Poetry **Psychology** Witchcraft
Electronics Chemistry History **Law**
Accounting **Philosophy** Anthropology
Alchemy Drama Quantum Mechanics
Atheism Sexual Health **Ancient History**
Entrepreneurship Languages Sport
Paleontology Needlework Islam
Metaphysics Investment Archaeology
Parenting Statistics Criminology
Motivational

ISBN 978-1-332-44425-0
PIBN 10420812

FAUSTO

DRAMA LÍRICO EN CINCO ACTOS

DE

S. BARBIER y M. CARRÉ

MÚSICA DE

CARLOS GOUNOD

versión castellana de

M. CAPDEPÓN

———— ✳ ————

MADRID

R. VELASCO, IMPRESOR, MARQUÉS DE SANTA ANA, 11 DUPL.º

Teléfono número 551

——

1907

PERSONAJES

EL DOCTOR FAUSTO	TENOR.
MEFISTÓFELES..	BAJO.
VALENTÍN.....	BARÍTONO.
WAGNER........	BAJO.
MARGARITA.	SOPRANO.
SIEBEL..........	MEZZOSOPRANO.
MARTA...........	MEZZOSOPRANO.

Estudiantes, soldados, paisanos, muchachas, matronas, etc.

La escena en Alemania

ACTO PRIMERO

Gabinete de Fausto. Es de noche

ESCENA PRIMERA

FAUSTO solo

Aparece scutado ante una mesa cubierta de libros y pergamınos, y
tiene abierto uno de aquellos delante de sí. Su lámpara esta próxima
á apagarse

Pregunto en vano, absorto en mis estudios,
á Natura, al Creador:
ni un sólo acento hasta mí pecho triste
llegó consolador.
Yo solitario gemí doliente,
dominar la materia
jamás logró mi alma impotente.
(Cierra,descorazonado el libro y va á abrir la ventana.
Despunta el día.)
Yo nada sé,
ni tengo fè:
despunta alegre el día,
llegó la nueva aurora,
que disipó la obscuridad sombría.
(Con desesperación)
Un día más brilló...
Muerte, te aguardo ansioso...
Ven y dame reposo.
(Tomando un frasco de la mesa)

Mas si ella huye de mí,
¿por qué á su encuentro no voy?
Llega pronto, postrero de mis días,
iré, con rostro alegre,
al fin de mi camino.
Soy, con este licor,
árbitro de mi destino.

(Vierte en una copa de cristal el liquido del frasco; al
ir á acercársela á los labios, se oye el siguiente Coro)

CORO DE DONCELLAS

Tu frente amarilla
aun nubla el dolor...
¿No ves que ya brilla
el disco del sol?
La alondra ya canta
su alegre canción,
el prado abrillanta
rocio bienhechor;
al aura más pura
se entreabre la flor,
feliz la Natura
despierta al amor.

FAUS.   ¡Oh, clamor de mundana alegria,
cesa, cesa, no aumentes mi agonía,
mi pena tan cruel!
Copa de mis mayores,
tú tiemblas en mi mano...
¡ah! ¿dí por qué? ¿por qué?

(Se acerca de nuevo la copa á los labios.)

CORO INTERNO DE TRABAJADORES

Nos llama al campo—la alegre aurora,
la golondrina—se aleja ya,
¿por qué tardamos?—al campo vamos,
todos corramos á trabajar.
Fulgente el sol—los campos dora,
nos llama al campo—la bella aurora
con dulce voz.
Bella es la vida—¡loado sea Dios!

FAUS.   ¡Dios! ¡Dios!... Mas, Dios ¿qué puede hacer
¿Me volverá el amor,   [por mí?
la juventud, la fe?

(Con rabia.)

A todas os maldigo,
alegrías mundanas.

Maldigo las cadenas
que me ligan al mundo, mi prisión,
y la esperanza hermosa,
tan fugaz y engañosa,
los ensueños de amor,
la gloria y el honor,
yo maldigo el placer:
yo maldigo la ciencia,
la oración y la fe;
cansóse al fin ya mi paciencia...
¡A mí, Satán, á mí, ven!

ESCENA II

FAUSTO y MEFISTÓFELES

MEF.	(Apareciendo.)
	¡Héme aquí! ¿Por qué tal sorpresa?
	Oí tu voz... ya estoy presente.
	Al cinto el acero,—con pluma el sombrero,
	la capa lujosa—del hombro pendiente...
	ya ves que yo soy—gentil caballero.
	Pues bien, doctor,
	¿qué quieres? dí.
	¿Qué quieres? ¡Habla!
	¿Te causo horror?
FAUS.	No.
MEF.	¿Tú no crees mi omnipotencia?
FAUS.	¿Qué dice?
MEF.	Haz la experiencia.
FAUS.	¡Ah, vete!
MEF.	¿Qué? ¿Serás desagradecido?
	¿No sabes tú que con Satán
	ser cortés te interesa?
	¿Y que muy necio ha sido
	hacerle viajar tanto
	y decirle después: la puerta es esa?
FAUS.	¿Qué puedes tú?
	¿Qué puedes darme?
MEF.	Todo: mas antes dime tu deseo.
	¿Qué anhelas tú? ¿Oro quizás?
FAUS.	¿Qué puedo hacer de la riqueza?

MEF.   ¡Ah, bien comprendo! ¿Es la grandeza?
                  ¿La gloria acaso?
FAUS.   ¡No, no: jamás!
MEF.   ¿El poder?
FAUS.   No: un teroro
        que vale más.
        Tan sólo ansío
        la juventud.
        Yo quiero el placer,
        anhelo hermosuras
        que el mundo trasforman
        en mágico Edén.
        Que el alma me abrase
        insólito ardor:
        con ánsia deseo
        los goces de amor.
        ¡Oh! ven, juventud,
        que torne mi bien,
        al alma cansada,
        amores, volved.
        Ensueños dichosos,
        alegres volved.
MEF.   Pues bien, pues bien, yo quiero
        tu anhelo realizar,
        tu ánsia de gozar.
FAUS.   Y en cambio, dí,
        ¿qué quieres tú de mí?
MEF.   Te lo diré:
        bien poco á fe.
        Aquí yo te obedezco;
        pero allá... pero allá
        ¿tú me obedecerás?
FAUS.   ¿Allá?
MEF.   ¡Allá!
        (Presentandole un pergamino.)
              Sí: pronto firma.
        Y qué, ¿tu mano tiembla?
        ¡Ah! ¿por qué vacilar?
        la juventud te llama,
        ósala contemplar.
        (Hace un gesto. El fondo del teatro se abre y aparece
        la imagen de Margarita.)
FAUS.   ¡Oh, prodigio!
MEF.   ¿Qué te admira?

FAUS.   ¡Dame!

(Toma el pergamino, lo firma y lo devuelve á Mefistófeles.)

MEF.   (Tomando un frasco que habrá sobre la mesa.)

        Ya firmó... y ahora...
ahora, doctor,. tu amigo te convida
á libar esta copa,
en cuya espuma está
no el veneño y la muerte, mas la vida.

FAUS.   (Cogiendo la copa y volviéndose á la imagen de Margarita.)

        ¡Por tí, fantasma querida!

(Apura la copa y se transforma en un gentil caballero. La visión desaparece.)

MEF.   ¡Ven!

FAUS.   ¿Volveré á verla?

MEF.   Sí.

FAUS.   ¿Cuándo?

MEF.   Quizás hoy mismo.

FAUS.   ¡Pues vamos!

MEF   ¡Vamos!

FAUS.   Vamos,
en pos de aquel prodigio.
Yo quiero el placer:
anhelo hermosuras,
que el mundo trasforman
en mágico Edén.
Que el alma me abrase
insólito ardor,
con ánsia deseo
los goces de amor.
¡Oh, ven, juventud!
¡Que torne mi bien!
¡Al alma cansada,
amores, volved;
ensueños dichosos,
alegres volved!

MEF.   Deseas placer,
alegres hermosas
que truequen la vida
en mágico Edén.
Que el alma te abrase
insólito ardor,
con ánsia deseas
los goces de amor.

Feliz juventud
te vuelve el placer,
te da del amor
la dulce embriaguez,
te da la alegria,
te vuelve el placer.

FAUS. Yo quiero alegria,
morir de placer.

MEF. Te torna á una vida
de amor y placer. (Vanse.)

FIN DEL ACTO PRIMERO

ACTO SEGUNDO

La Kermesse. Una puerta de la ciudad. A la izquierda una hostería
con la imagen de Baco

ESCENA PRIMERA

WAGNER, ESTUDIANTES, PAISANOS, SOLDADOS, DONCELLAS
y MATRONAS

ESTUDIANTES   Venga un vaso, venga, sí;
venga un vaso para mí,
que con gozo sin igual
el licor se ha de apurar.

WAG.   La garganta remojad;
solo el agua despreciad.
Otro vaso, por favor,
de ese mágico licor.

ESTUDIANTES   Sólo el vino, el agua no.
Es divino... Bebed... ¡oh!

(Chocando los vasos)

SOLDADOS   Doncellas y murallas
iguales son:
iguales las batallas
en guerra y amor.
De la victoria el premio
habrán de pagar.
Por ellas solamente
queremos luchar.

PAISANOS VIEJOS
>El día de reposo y de fiesta,
>de guerra y armas pláceme hablar,
>mientras la gente en meditar
>se cansa la testa.
>Vóime á sentar sobre el pretil
>y allí tranquilo el tiempo paso,
>al ver pasar bateles mil,
>vaciando un vaso.

DONCELLAS
>¡Qué mancebos tan lucidos!
>Acércanse ya.
>Buenos son para maridos.
>Un poco esperad.

(Se retiran hacia la derecha. Un segundo grupo de Estudiantes entra en escena.)

ESTUDIANTES
>¿No mirais á aquellas bellas
>que buscan amor?
>Van á caza las concellas
>de algún corazón.

MATRONAS (observando á los Estudiantes y Doncellas)
>¿No mirais que á las doncellas
>ofrecen su amor?
>Nosotras somos tan bellas
>como ellas lo son.

DONCELLAS
>¿Queréis placer?
>Mas no le hay.

MATRONAS
>¿Queréis placer?
>Bien claro está.

ALGUNOS PAISANOS
>Marchad, compadres,
>marchad, marchad.

OTROS
>Quiero quedarme,
>ver el final.

ESTUDIANTES
>¡Viva el licor! ¡viva el vino,
>celeste don!

SOLDADOS
>¡Viva la guerra,
>oficio sin par!

(A las Doncellas.)
>No seais tan esquivas
>que inútil será.

MATRONAS (A las Doncellas)
>¿Queréis placeres?
>bien claro está.

ESTUDIANTES
>¡Cómo es desdeñosa
>la altiva beldad!

ALGUNOS SOLDADOS
        No hay hembras esquivas,
        vencerlas logramos
        con solo atacar.
OTROS   Un muro que es frágil
        se debe asaltar.
ESTUDIANTES (A las Doncellas.)
        Mostrais desdeñosa
        la célica faz.
DONCELLAS   Conviene que crea
        su dulce charlar.
SOLDADOS   ¡Bebamos, bebamos,
PAISANOS   el vaso llenad!
ESTUDIANTES ¡Bebamos, que el vino
        es don celestial.
        (Beben y después todos los grupos se alejan)

ESCENA II

WAGNER, SIEBEL, VALENTÍN y ESTUDIANTES. Después
MEFISTÓFELES

VAL.   (Sale por el fondo trayendo en la mano una medalla de
        plata.)
        ¡Oh, tú, santa medalla,
        que mi hermana me dió,
        el dia de la batalla
        de escudo servirás
        sobre mi corazón!
        (Se pone la medalla al cuello y se dirige á la hostería)
WAG.   Es Valentin: acaso nos buscaba.
VAL.   Compañeros, un vaso: luego en marcha.
WAG.   ¿Por qué triste, tan triste le despides?
VAL.   Yo también debo, amigos,
        estos sitios dejar...
        Y queda Margarita
        tan sola, sin su madre,
        en mi enlutado hogar...
SIEBEL   Más de un leäl amigo
        tus veces puede hacer y las hará.
VAL.   Así lo espero.
SIEBEL   En mí puedes fiar.
WAG.   Marchemos, sí: proscrito quede el llanto,
        ya tornaremos y... bebed en tanto.

Coro	¡Bebamos, bebamos!
	¡Resuene una canción
	de alegre son!
Wag	Un día, más cobarde
	que valiente, un ratón
	oculto en la cantina
	dijo con gran temor:
	Por qué...
Mef.	(Acercandose.) ¿Señores?
Wag.	¿Qué?
Mef.	Si permitís, yo quiero
	sentarme entre vosotros:
	más antes vuestro amigo
	termine su canción:
	y después yo me obligo,
	á que escuchéis mi voz.
Wag.	Bastará una canción,
	más bella ciertamente.
Mef.	Yo lo que pueda haré,
	por no aburrir la gente.

I

Vil metal,
del mundo señor,
Dios potente, refulgente
no hay poder al tuyo igual,
No hay mortal que no te inciense,
prosternado ante tu altar.
Y los pueblos y los reyes
son esclavos de tus leyes,
en el mundo reinas tú:
tu ministro es Belcebú.

II

Vil metal,
del mundo señor,
en el suelo y en el cielo
tú dominas sin rival.
Todo el mundo reconoce
tu poder universal.
Dicha y gloria está en tu mano
cual señor, cual soberano,

en el mundo reinas tú:
tú ministro es Belcebú.

WAG. Extraña es tu canción.

VAL. Y más el que la canta.

WAG. ¿Nos haréis el honor
de beber con nosotros?

MEF. (Tomando un vaso.)   ¿Por qué no?
(Cogiendo de la mano á Wagner y examinándole la
palma.)
¡Ay! este signo extraña
pena me da.
¿Aquesta línea viste?

WAG. ¿Y qué?

MEF.   Presagio triste,
sé que os han de matar
si vais á guerrear.

SIEBEL ¿Predice el porvenir?

MEF. Sí: y os puedo decir
que no tocaréis flor,
que no caiga marchita
Lo ordena así el destino.

SIEBEL ¡Cielos!

MEF.   No quiere flores Margarita.

VAL. Nombrar á mi hermana os oí.

MEF. Mancebo, en vos pensad,
conozco un hombre yo,
que acaso os matará.
(Dirigiéndose á los otros.)
Brindo por vuestro amor. (Bebe.)
¡Qué veneno me dais!
¿Queréis, señores míos,
vino mejor probar?
(Salta sobre la mesa y golpea con los dedos un tonel
pequeño, sobre el cual está montado el Dios Baco, que
sirve de muestra á la Hostería.) .
¡Hola! Numen del vino, pronto escancia.
(Brota el vino y Mefistófeles llena su vaso.)
Venid acá: bebed lo que querais.
Bebed, bebed, llegad.
Brindemos otra vez por Margarita. ‚

VAL. Si no te hago callar,
que muera de repente.
(Arrebata el vaso de la mano de Mefistófeles, lo vierte,
y al caer en tierra el líquido, que contenía, se inflama.)

WAG.   ¡Tente! (A Valentín.)
MEF.   Furor insano.
CORO   ¡Tente!
MEF.   (Riéndose.) ¿Por qué temblar?
         No sirve amenazar.
         (Wagner tira de la espada. Lo mismo hacen Siebel,
         Valentín, Mefistófeles y Coro. Mefistófeles con la pun-
         ta de su espada traza un círculo. Los Estudiantes
         quieren arrojarse sobre Mefistófeles pero se encuentran
         detenidos como por un muro infranqueable. La espada
         de Valentín se rompe.)
VAL.   La espada, ¡oh sorpresa! se rompe en mi
                                          [mano.
VAL.   ⎫ ¡Si es tu poder tan infernal veamos!
SIEBEL   ⎬ Al ángel de tinieblas hoy retamos.
WAG.   ⎪ (Rodean á Mefistófeles presentándole los puños de las
CORO   ⎭ espadas en forma de cruz.)
         Rompes espadas frágiles,
         mas mira: la cruz santa
         queda en nuestra defensa:
         la cruz, sí, que te espanta. (Vanse)

ESCENA III

MEFISTÓFELES y FAUSTO

MEF.   Volveremos á vernos,
         amigos... ¡servidor!
FAUS.   ¿Que pasó?
MEF.   ¡Bah!
         Escuchad, mi doctor.
         ¿Qué pretendéis de mí?
         ¿Por dónde comenzamos?
FAUS.   ¿Do se esconde
         la visión celestial que un punto vi?
         ¿Fué un hechizo? responde.
MEF.   No, no: mas contra vos,
         la virtud la protege, el mismo cielo
         la defiende.
FAUS.   ¡Qué importa! ves mi anhelo...
         Condúceme hasta ella ó te abandono.
MEF.   Lo haré, que no quería
         daros tan triste idea,

de mi ignoto póder,
y de la ciencia mía.
Esperad, y veréis
con este alegre son
aparecer la hermosa
que tanto os fascinó.

ESCENA IV

DICHOS, ESTUDIANTES, DONÇELLAS y PAISANOS. Después
SIEBEL y MARGARITA

Los Estudiantes, llevando al lado á las Doncellas y precedidos de
músicos, invaden la escena. Detrás llegan los Paisanos que apare-
cieron al principio del acto

Coro   Como suele brisa ligera
el árido campo al cruzar,
las arenas elevar,
nos impulse esta armonia
y resuene noche y día
nuestro plácido cantár.
Mef.   ¿Ves, señor, cuántas bellas?
Puedes buscar entre ellas
consuelo á tu penar.
Faus.   ¡Calla! Basta de bromas
y déjame soñar.
Siebel   (Entrando en escena.)
En breve pasará.
Coro   ¿Queréis que alguna bella
á danzar os invite?
Siebel   No, no quiero danzar.
Faus.   ¡Mírala, cuánto es bella!
Mef.   Pues bien, os acercad.
Siebel   (Viendo á Margarita y adelantándose á su encuentro.)
Margarita...
Mef.   ¿Te agrada?
Siebel   ¡Maldecido!
¡Aun aquí!
Mef.   Y tú también estás.
Faus.   (Acercándose á Margarita.)
¿Permitiras que yo,
hermosa damisela,

2

te ofrezca, cual galán,
mi brazo con mi amor?

MARG. No señor, yo no soy
damisela, ni hermosa,
y falta no me hace
el brazo de un señor.

(Pasa por delante de Fausto y se aleja.)

FAUS. ¡Qué bella y candorosa!
En casto amor me inflamo...
¡Angel de Dios, te amo!

SIEBEL ¡Se ha alejado!

MEF. (A Fausto.) ¿Qué tal?

FAUS. Ya ves... fuí despreciado.

MEF. Pues bien, en vuestro amor
auxilio os prestaré,
mi querido doctor.

DONC. 1.ª ¿Qué pasó?

DONC. 2 ª Margarita
de aquel mozo gentil
el brazo rechazó.
La danza nos invita,
valsemos sin temor.

TODOS Como suele brisa ligera, etc.
Valsemos sin tino
hasta expirar:
impulso divino
amor nos dará.
La tierra parece
que gira veloz,
Se ve en las miradas
el fuego de amor.

FIN DEL ACTO SEGUNDO

ACTO TERCERO

Jardín de Margarita. En el fondo un muro con una puerta pequeña
A la izquierda un bosquecillo. A la derecha un pabellón con una
ventana frente al público. Arboles y plantas.

ESCENA PRIMERA

SIEBEL, solo

Entra por la puerta del muro y se detiene junto al pabellón, cerca
de unas plantas de rosas y lirios

Háblale de mi amor,
  hermosa flor,
dile cuánto la adoro,
que es mi bien, mi tesoro;
dile que en mi dolor
  muero de amor.
Llévale mis lamentos,
cuéntale mis tormentos.
Mi secreto de dolor
  revela ¡oh flor!
(Coge flores)
¡Ajadas! ¡Ay de mi!
Del brujo maldecido
lo predijo la voz.
No podrás sin marchitarla
tocar ninguna flor...

(Pensando.)
　Si bañase mi mano agua bendita...
(Se acerca al pabellón y baña sus dedos en una pila
adosada al muro.)
　　A orar, el día al morir,
　　la gentil Margarita
　　aquí vendrá quizás.
(Coge otras flores.)
　　¿Están marchitas? No.
　　Satán, vencido estás.

———

　　Esta flor tan gentil
　　le hable por mí.
　　Le descubra la pena
　　que de angustia me llena:
　　que lo que sufro yo
　　　no sabe, no.
　　Esta flor tan gentil
　　　hable por mí.
　　Si al mirarla enmudezco,
　　el amor que padezco,
　　de mi pecho el ardor
　　　dirá la flor.
(Coge flores para formar un ramo y desaparece entre
las plantas del jardín.)

ESCENA II

MEFISTÓFELES, FAUSTO, después SIEBEL

FAUS.　　¿Ya llegamos?
MEF.　　　　　　Verdad.
FAUS.　　¿Qué es lo que miras tú?
MEF.　　A Siebel tu rival
FAUS.　　¿Siebel?
MEF.　　　　Chito. Llega ya.
　　　(Retírase con Fausto al bosquecillo.)
SIEBEL　　(Entrando en escena con un ramo.)
　　　¡Es hermoso este ramo!
MEF.　　(Aparte.)　　　　Sí.
SIEBEL　　　　　　¡Victoria!

Mañana yo podré
contar toda la historia.
Si llega á comprender
mi puro, honesto amor,
un beso le dirá
el resto.

MEF.   (Aparte.)   ¡Seductor!
(Vase Siebel por la puerta del foro.)

ESCENA III

FAUSTO y MEFISTÓFELES

MEF.   Pronto vendré, doctor.
Para hacer compañía
de Siebel á las flores,
yo buscaré un tesoro
más rico, más, que cuanto
soñar puede la ardiente fantasia.

FAUS.   Sí, vé: te esperaré.

MEF.   Bien pronto aquí estaré.
(Vase por el fondo.)

ESCENA IV

FAUSTO, solo

¡Qué dulce llama
mi pecho inflama!
Mi corazón
de amor palpita..
oh, Margarita!
A tus pies quiero morir.
Salve, morada, casta y pura
donde reside la doncella amada
dechado de hermosura.
¡Oh, qué tesoro en tan humilde hogar!
En este asilo ¡cuánta felicidad!
Sitio grato y ameno,
donde alegre y dichosa,

emblema de candor,
cual gentil mariposa,
vagó de flor en flor.
Aquí el sol la besaba,
sus cabellos doraba...
aqui fijó serenos
sus ojos, de luz llenos,
ese ángel del Señor.

ESCENA V

DICHO y MEFISTÓFELES, trayendo un estuche bajo el brazo

MEF.   Miradla ¡ya está ahí!
Si aprecia más las flores que las joyas
consiento yo en perder
mi mágico poder.
(Abre el cofrecillo y le muestra las joyas que contiene.)

FAUS.   ¡Huyamos! no, no quiero
ver más á esa mujer.

MEF.   ¿Qué escrúpulo os detiene?
¡Vedlas! junto á su puerta
ya las joyas están. (Las coloca.)
Marchemos, y esperad.
(Llévase consigo á Fausto y desaparece entre los árbo-
les. Margarita entra silenciosa por el fondo y se ade-
lanta hasta el proscenio.)

ESCENA VI

MARGARITA, sola

Yo quisiera saber
del joven que he encontrado
la familia, el país,
su apellido y estado.

I

Era un rey, un rey de Thulé
que hasta la muerte constante

como memoria de su amante
un aúrea copa conservó.
(Interrumpiéndose.)
    Era gentil, gallardo ..
    Así me pareció.
(Continúa la canción.)
    Ningún bien estimó tanto:
y cuando en dias de placer
el rey amante llegó á beber,
 sintió nublar su vista el llanto.

II

    Cuando la muerte vió cerca ya
al áurea copa tendió su mano,
lleno de angustia, el soberano
que hasta morir fue tan leal.
(Interrumpiéndose)
    No supe qué decir...
    Llenéme de rubor.
(Continúa la canción.)
    Luego, en honor de su dama,
la última vez el rey bebió:
la copa entonces rota cayó,
fué su alma al cielo que la llama..
    Tan solo un noble tiene
    aquel aire altanero
    Y el hablar lisonjero.
(Se dirige al pabellón.)
No debo en él pensar...—Buen Valentin,
si Dios me escucha, espero verte al fin.
Mas estoy sola... ¡sola!
(Al ir á entrar en el pabellón ve las flores y coge el ramo.)
Estas flores... de Siebel son... seguro.
¡Qué bellas son!
(Viendo el cofrecillo.)
    ¡Oh Dios! ¿Qué veo alli?
¿Quién aquel cofrecillo puso aqui?
¡Ah! no lo oso tocar... pero quién sabe...
Aquí la llave está..:
¿Lo debo abrir?... ¡Yo tiemblo!... mas ¿por
¿Qué mal hay en abrirlo?   [qué?
Ninguno, según creo... Lo abriré.

(Abre el cofrecillo y deja caer el ramo de flores)
¡Oh, cielo! ¡cuántas joyas!
¿Es sueño encantador ó estoy despierta?
No ví en toda mi vida
riqueza igual á aquesta.
(Deja el cofrecillo sobre un escaño y se arrodilla para
adornarse.)
Sola estoy: ¿cómo obrar?
(Saca del cofrecillo unos pendientes.)
¿Podré yo colocar
estos bellos pendientes?
(Se pone los pendientes, se levanta y se contempla
en un espejo.)
Veo en el fondo del rico cofrecillo
un espejo luciente.
   ¿Podré ver mi faz hermosa?...
  ¿Me habré vuelto vanidosa?
     ¡Extraño poder!
     ¡Ver una su faz!
     ¡Qué dulce placer
poderse mirar!
    ¿Eres tú, Margarita?
Dime que sí al instante.
No, no: tu faz no es,
no es ese tu semblante.
Es la hija de un rey
en su trono brillante.
¡Ah! si él aquí se hallara
y aquí me contemplara,
como á noble doncella
me encontraría bella.
Prosigamos el tocado:
quiero también probar
brazaletes y collar.
¡Cielo! es como una mano
que en mi brazo se posa.
¡Já! ¡já! ¡já, yo río gozosa.
   ¿No eres tú, Margarita?
¿No eres tú? di que sí,
dime que sí al instante.
¡Ah, si él aquí se hallara
y así me contemplara,
como á noble doncella
me encontraría bella.

No eres tú, Margarita,
no es ese tu semblante.
Es la hija de un rey
en su trono brillante.

ESCENA VII

MARGARITA y MARTA

¡Santo Dios! ¿qué estoy viendo?
¡Qué hermosa estás! ¡qué hermosa!
¿Quién las joyas te dió?
Acaso por error
dejáronlas aqui.
No, no: que tal riqueza
es para tí, querida Margarita.
De algún amante es este rico don.
No fué nunca mi esposo
tan franco y generoso.

ESCENA VIII

DICHAS, MEFISTÓFELES y FAUSTO

(Entrando el primero y haciendo una profunda reverencia.)
   La señora Schwerein,
  ¿sois vos?
            Sí: ¿quién me llama?
   ¡Perdón! si de este modo
   me vengo á presentar.
(Aparte á Fausto.)
   (Ved, vuestro don reciben
   con júbilo sin par.)
(A Marta.)
   Sois Marta Schwerein...
   La noticia que os traigo,
   es bien fatal, fatal.
(Viendo á Fausto.)
   ¡Oh Dios!
         ¿Qué ocurre?
                  ¡Bah!

Vuestro querido esposo
ha muerto y os saluda.

MARTA ¡Oh qué calamidad!
¡Oh, nueva inesperada!

MARG. (Aparte.)
(Junto á él, ¡cielos! se agita
mi alma enamorada.)

FAUS. (Aparte.)
(La fiebre del deseo
mitiga su mirada.)

MEF. (A Marta.)
Vuestro querido esposo
ha muerto y os saluda.

MARTA (A Mefistófeles.)
¿Y al morir, nada os dió
para mí? ¿nada?

MEF. (A Marta.) No.
Hoy mismo merece
castigo el traidor.
Hoy mismo encontrarle
debéis sucesor.

FAUS. (A Margarita.)
¿Por qué tan ricas joyas os quitais?

MARG. (A Fausto.)
¡Ay! no son para mí: dejarlas debo.

MEF. (A Marta.)
¡Cuán dichoso sería,
si os diese en este día
el anillo nupcial!

MARTA (A Mefistófeles.)
¡Ah! ¡vos á mí!

MEF. (A Marta.) La suerte fué enemiga.

FAUS. (A Margarita)
Aceptad el brazo mío.

MARG. (A Fausto, esquivándose)
¡Ah, dejadme! es desvarío.

MEF. (Ofreciendo el brazo á Marta.)
¡Aceptad! yo soy sincero.

MARTA (Aparte.)
(Es completo caballero.)
(Acepta el brazo.)

MEF. (Aparte.)
Ya no es joven la vecina,
esta fruta está madura.

MARTA	(Aparte.)
	Qué simpática figura.
	(Margarita abaudona su brazo á Fausto y se aleja con
	con él. Mefistófeles y Marta quedan en escena.)
MARTA	Y qué, ¿viajais sin descansar?
MEF.	Sí, siempre: asi lo impone
	dura necesidad.
	Siempre sólo, siempre solo,
	sin amor, sin amistad.
MARTA	Todo es placer, mientras dichosa dura,
	la alegre juventud.
	Después, señor, después cómo contrista
	envejeciendo ser un egoista.
MEF.	Tiemblo sólo al pensarlo;
	mas ¿qué puedo intentar?
MARTA	¿Por qué, por qué tardar,
	gentil señor, por qué?
	Pensad...
MEF.	Lo pensaré.
	(Se alejan. Margarita y Fausto vuelven á escena.)
FAUS.	¡Y quél siempre tan sola.
MARG.	¡Ay, mi hermano partió,
	a mi madre he perdido
	y la suerte me ha herido!
	Mi hermana querida
	aun niña, murió;
	¡pobre ángel! ¡pobre ángel!
	¡ángel de luz querido!
	era mi sólo amor.
	Cuánto afán, ¡ay! cuánta pena
	es ver la flor, de aromas llena,
	que la muerte marchitó.
	Al nacer la luz del día
	me buscaba siempre á mí...
	Ah, por verla, sufriría
	cuanto el mundo hace sufrir.
FAUS.	Si de Dios una mirada
	la hubiese hecho igual á tí,
	en el cielo no se hallara
	más hermoso serafín.
	(Mefistófeles y Marta vuelven á escena)
MARG.	¡Adulador!... no os creo.
	¿Por qué os búrlais de mí?
FAUS.	No: yo te admiro.

MARG.	Os burlais, os reís... ya bien lo veo.
	Me debo alejar,
	no debo escuchar;
	mas ¿porqué os escucho,
	si sé que hago mal?
FAUS.	No, no: yo te admiro,
	queda aquí conmigo,
	queda, queda aquí.
	¿Por qué, por qué temblar?
	¿Qué temes escuchar?
	Te habla mi alma:
	escucha al amante,
	que siempre constante
	tu esclavo será.
MARTA	(A Mefistófeles.)
	¿Por qué no me oís?
MEF.	¿Porque sospechais
	si debo al instante
	partir?
MARTA	¿Os burlais?
MEF.	Habré de jurar
	que siento marchar.
	(Anochece.)
MARG.	¡Dejadme ya!
FAUS.	(Abrazándola.) ¡Querida!
MARG.	Señor... ¡ah! basta ya.
	(Huye Margarita, Fausto la sigue.)
FAUS.	Se aleja presurosa.
MEF.	(Aparte.)
	Esta escena es peligrosa...
	Huir es mejor.
	(Se esconde tras de un árbol.)
MARTA	Decid, ¿qué haremos?.. Desapareció.
	(Se aleja.)
MEF.	(Aparte.)
	Ven á buscarme ahora.
	Esta vieja maldita
	casarse deseara
	con el mismo demonio.
FAUS.	(Dentro.) ¡Margarita!
MARTA	—Mi señor...
MEF.	(Burlándose.) ¡Servidor!

ESCENA IX

MEFISTÓFELES, solo

Tiempo era ya: tornan los dos amantes
platicando de amor por la espesura.
No conviene turbar
un coloquio de amor. Tú, noche obscura,
tiende sobre ellos tu estrellado manto,
cierra, cierra sus almas
del deber á la voz. Vosotras, flores
de suaves olores,
al contacto os abrid
de esta mano maldita,
acabad de turbar, con vuestro aroma,
el alma y corazón de Margarita.
(Vase.)

ESCENA X

FAUSTO y MARGARITA

MARG.   Es ya muy tarde. ¡Adiós!
FAUS.   Ah, te suplico en vano..
    Déjame estrechar tu blanca mano.
    Déjame contemplar tu semblante
       al pálido fulgor
       del astro del amor,
       que argenta con sus rayos
       tu rostro seductor.
MARG.   ¡Oh, silencio! ¡oh, placer!
       ¡inefable misterio!
       ¡dulcísimo deliquio!...
       placer que no sentí
       me inunda el corazón:
       oigo una voz interna
       que exhala un cántico
       de inmenso amor.
       Dejadme, yo os lo ruego ..
(Coge una flor Margarita.)

FAUS.   ¿Por qué? ¿por qué?

MARG.   Yo quiero
consultar á esta flor.

FAUS.   ¿Qué dice silenciosa?

MARG.   (Deshojando la flor.)
El me ama.. no me ama...
El me ama... no... me ama...
El me ama... Vence, amor.

FAUS.   Sí: cree á la hermosa flor,
la rosa del amor.
Ella sí te dirá
lo que tu pecho ansía:
¡que te ama! ¿Sabes tú
qué placer es amar?
Llevar en sí un ardor... volcán hirviente,
embriagarse en placer eternamente.

LOS DOS   ¡Siempre amar!
¡Siempre! ¡siempre!

FAUS.   Noche de amor
toda esplendor.
Puros astros de oro,
oh, delirio celestial,
oir decir: ¡te amo! ¡te adoro!

MARG.   Te quiero amar,
idolatrar...
Prosigue...: Seré tuya.
¡Sí: te adoro! por tí quiero expirar.

FAUS.   ¡Margarita! ¡amor mío!

MARG.   ¡Ah, piedad! yo vacilo...

FAUS.   Alejarme de tí...

MARG.   ¡Piedad, piedad!

FAUS.   ¿Pretendes tú que te abandone?
¿No miras mi dolor?
¿Mi inmenso amor?
¡Margarita! ¡Margarita!
Tú desgarras mi amante corazón.

MARG.   Señor, si os soy amada,
por nuestro amor, que con rubor confieso,
ceded á mi plegaria,
tened piedad de mí,
presto, presto partid.

FAUS.   Pureza angelical, casta inocencia,
que cual reina venció mi voluntad...
parto, sí: mas mañana...

MARG.	Sí, mañana á la aurora...
FAUS.	¡Oh, dicha sin igual!
	¡cuánto, cuánto me adora!
MARG.	¡Adiós!
	(Corre al pabellón, se detiene en el umbral y manda un beso á Fausto.)
FAUS.	¡Adiós!... Huyamos.

ESCENA XI

DICHOS y MEFISTÓFELES

MEF.	¡Es un loco!
FAUS.	¿Me escuchabas?
MEF.	¿Cómo no?
	¿Os conviene tal vez, caro doctor,
	que nuevamente os lleven á la escuela?
FAUS.	Oye un instante
	las dulces querellas,
	que va á contar á las estrellas.
	(Margarita abre la ventana y se asoma un momento.)
MEF.	Miradla, doctor,
	abre ya su ventana.
MARG.	El me ama, y su amor
	me causa dolor.
	El ave canta,
	murmura el viento,
	célica llama
	arder ya siento.
	Y oigo una voz
	que dice: te ama.
	¡Qué hermosa es la vida
	que alumbra el amor!
	Auras, aves, auras, aves,.
	del amor el placer os agita
	y la rosa de amor tiembla y palpita...
	¡Ah, mañana, mañana!
	Torna pronto, mi bien.
	¡Ven, ven, ven!
FAUS.	(Lanzándddose á la ventana, besa á Margarita.)
	¡Margarita!

MARG.	¡Ah!
MEF.	¡Já, já, já. já!

(Queda un momento confusa, y deja caer su cabeza sobra el hombro de Fausto. Mefistófeles se marcha burlándose.)

FIN DEL ACTO TERCERO

ACTO CUARTO

Habitación de Margarita

ESCENA PRIMERA

MARGARITA sola

MARG. (Se acerca á la ventana y escucha.)
No, ya no están allí...
Yo con ellas reía...
Siempre ya lloraré la afrenta mía.

CORO DE DONCELLAS
El joven extranjero
huyó... no tornará.
¡Já, já!

MARG. Ahí ocultas estaban... ¡Ah, crueles!
Yo, sin piedad, he censurado un día
la flaqueza, el error de otras mujeres...
Hoy no hallaré piedad
para la falta mía.
Mancha mi frente el deshonor...
mas, sabe Dios, que si culpable he sido,
fuí víctima de amor, sólo de amor.

3

ESCENA II

MARGARITA y SIEBEL

Siebel	¡Margarita!
Marg.	¡Siebel!
Siebel	¡Siempre llorando!
Marg.	Sí; tú solo no fuiste tan cruel.
Siebel	Soy casi niño aún,
	mas son de hombre mi alma y corazón.
	Y vengarte sabré
	de ese vil seductor. Le mataré.
Marg.	¿A quién?
Siebel	Al pérfido é ingrato.
Marg.	¡No, por piedad!
Siebel	¿Qué? dí...
	¿Todavía le amas?
Marg.	Le amo, sí...
	Mas no hablemos más de él,
	no, no; no hablemos más, mi buen Siebel.
	Dios te bendiga; tú me das consuelo.
	¡Dichoso te hagá el cielo!
	Los viles que me insultan y me infaman
	no me podrán cerrar
	el templo del Señor.
	Iré por mi hijo amado
	y por él á rezar.
	(Vase. Siebel la sigue con la vista; después se aleja.)

ESCENA III

Calle. A la derecha la casa de Margarita; á la izquierda la iglesia.

MARGARITA; después MEFISTÓFELES

Marg.	(Entra y se arrodilla cerca de una pila de agua bendita.)
	Señor, Señor, permite
	á tu infeliz esclava
	postrarse ante el altar.

MEF.   Tú no debes orar.
              Confundidla vosotros,
              espíritus del mal.
              ¡Llegad, llegad!

DEMONIOS   ¡Margarita!

MARG.   ¿Quién llama?

DEMONIOS   ¡Margarita!

MARG.   Yo vacilo.. ¡Ay de mí!
              Señor, Dios de amor,
              llegó tremendo de mi vida el fin.

(Se abre la pila y deja ver á Mefistófeles, que se inclina al oído de Margarita.)

MEF.   Recuerda el tiempo aquel,
              cuando de un ángel puro
              las alas te cubrían.
              Llegabas ante el ara
              para adorar á Dios...
              no eras, cual hoy, impía.
              Cuando tú al cielo alzabas
              la férvida plegaria
              de un puro corazón,
              y al cielo se elevaba
              en alas de la fe,
              llegando á tu Señor...
              ¿No oyes ese clamor?
              Te llama á sí el infierno,
              te llama con su horror,
              y el eterno penar,
              la desventura eterna
              y el eterno dolor.

MARG.   ¡Cielos! ¿qué voz oí?
          ¿Quién me habla en la sombra, Dios piadoso?
          ¿Qué voz horrible
          llega hasta mí?

CORO REL.   Cuando amanezca el día fatal
          la cruz divina brillará,
          y el mundo todo ruinas-será.

MARG.   El sacro canto es mucho más tremendo.

MEF.   No; para tí no tendrá Dios perdón.

CORO   ¿Qué diré entonc e
           á mi Señor?
           ¿Dónde encontrar
           un protector,
           si el inocente
           tiene temor?

MARG.   Ese canto me oprime, me ahoga,
         ya me falta el aliento y la voz.
MEF.   ¡Adiós, noches de amor!
         adiós, dias de gloria,
             pasaron ya
             ¡maldita estás!
MARG. ⎫   Señor,
CORO ⎭   acoge la plegaria
          de un alma infeliz,
          que un rayo puro
          de tu clemencia
          descienda sobre mí.
MEF.   ¡Margarita!... ¡Condenada! (Desaparece.)
MARG.   Ah! (Huye.)

ESCENA IV

VALENTÍN, SOLDADOS, después SIEBEL

CORO   Depongamos la espada
         en el paterno hogar,
         hoy tornamos al fin:
         la madre desolada
         al hijo de su amor
         no tiene que esperar.
VAL.   ¿Eres tú, Siebel mío?
SIEBEL   Sí, sí, yo soy... mas...
VAL.   Déjame que te abrace,—¿y Margarita?
SIEBEL   En la iglesia quizás...
VAL.   Sí: ruega á Dios por mí...
         ¡Pura alma! cuán dichosa,
         cuán dichosa será
         mi historia de soldado
         contenta al escuchar!
CORO   ¡Qué placer es en familia,
         qué placer es relatar
         el padre vencedor
         á la esposa, á los hijos
         sus actos de valor!
         ¡Oh, gloria, gloria,—premio al valor,
         nunca en mi pecho—tendrás rival.
         Cubran tus alas—al vencedor,
         infúndenos tú—valor sin igual.

Por tí patria adorada
supe lidiar,
tú en la lucha sangrienta
el triunfo das.
¡Oh, dicha sin par!
¡Por tí combatir,
por tí triunfar!
A vuestra casa—pronto marchad.
Se hizo la paz,
ya nos esperan—no hay que dudar,
¿por qué tardar?
Para abrazarnos—todos vendrán.
Amor convida—amor espera,
y más de un pecho—palpitará
uuestras hazañas—al escuchar. (Vanse.)

ESCENA V

VALENTÍN y SIEBEL

VAL.   Entra, Siebel amigo, en mi morada,
y podremos, bebiendo, alli charlar.
(Dando un paso hacia la casa de Margarita.)

SIEBEL   No, no entres, no.

VAL.   ¿Por qué
la mirada del suelo
no levantas, Siebel?
Siebel, ¿qué ocurre, dí?
¿Qué decir quieres?

SIEBEL   ¡Ah!
Detente, Valentín. (Deteniéndole.)

VAL.   ¡Aparta!... La verdad
sabré al fin.

SIEBEL   ¡Oh, terror!
Señor, yo te imploro.
Protégela, Señor.

(Se dirige á la Iglesia. Se hace de noche. Fausto y
Mefistófeles llegan por el foro.)

ESCENA VI

FAUSTO y MEFISTÓFELES con una guitarra debajo del brazo

MEF.   ¿Qué esperáis todavia?
         Entrad conmigo, entrad.
FAUS.   ¿Quieres callar?—Me duele
         aqui traer la afrenta, el deshonor,
MEF.   ¿Por qué verla otra vez
         después de abandonarla?.Amor os ciega.
FAUS.   ¡Margarita!
MEF.   Quizás nuestra presencia
         fuera mejor en otra parte. Vamos
         á Valpurgis.
FAUS.   No, no.
MEF.   Consejo inútil.
         Para abrir esa puerta
         necesitáis, señor,
         que entone una canción.
            Tú, que duermes descuidada
               ¿por qué con rigor,
            Serafina idolatrada,
               rechazas mi amoi?
            Y al amigo que padeces
               no quieres ver ya,
            si primero no te ofrece
               su anillo nupcial.
            Serafina tan ingrata
               no puede ser,
            que á su amante niegue un beso,
               solo un beso, la crüel.
            Y al amigo que padece
               no quiera ver ya,
            si primero no le ofrece   .
               su anillo nupcial.

ESCENA VII

VAL.   ¿Qué hacéis aquí, señores?
MEF.   ¡l'erdon! mi camarada:
no se dirige á vos
la alegre serenata.
VAL.   Con gran placer la oiría,
quizás, mi hermana.
FAUS.   ¡Oh, Dios!
MEF.   ¿Por qué tanta ira?
¿Quizás la canción
no os place?
VAL.   Ya basta
de agravios.
FAUS.   Señor...
VAL.   Decid, decid, ¿quién debe darme cuenta
del deshonor crüel que así me afrenta?
MEF.   ¿Vos lo queréis? pues bien,
doctor, sois vos, sois vos.
VAL.   (Sostén, Señor, mi brazo
en esta lid cruenta,
permite que en su sangre
lave mi horrible afrenta.)
FAUS.   (Viendo el justo furor,
me siento conmovido,
no debo, no, matar
al hombre que he ofendido.)
MEF.   (De su aire tan sombrío,
de su estúpida rabia yo me río
mi brazo va á calmar esa tormenta,
su cólera á aplacar,
su furia atroz, violenta.)
VAL.   (Cogiendo entre sus manos la medalla que lleva pen-
diente del cuello.)
¡Óh tú, que me salvaste
en la sangrienta lid,
tú, don de Margarita,
lejos, lejos de mí!
(Arroja la medalla.)
MEF.   (Tú te arrepentirás.)

VAL.	(A Fausto.)
	¡En guardia sí, defiéndete!
MEF.	(Aparte á Fausto.)
	(Yo muy cerca estaré:
	atacad solamente,
	doctor, yo pararé.)
	(Se baten.)
VAL.	¡Ah! (Cae herido.)
MEF.	Mirad á ese valiente,
	en tierra ensangrentado.
	Gente llega... partid.
	¡Huyamos!
	(Llévase á Fausto. Llegan Marta y varios paisanos, alumbrándose con antorchas.)

ESCENA VIII

VALENTÍN, MARTA y PAISANOS. Después SIEBEL y MARGARITA

MARTA	¡Por aquí!
CORO	¡Por aquí, sí! ¡Llegad!
	Se baten en la calle.
	Uno de ellos calló.
	¡Infeliz! muerto está.
	Mas no: aun no expiró.
	¿No véis como se mueve?
	Nos demanda favor,
	vamos ya, vamos ya.
VAL.	¡No: callad! evitad lamento tanto,
	nunca la muerte en mi alma puso espanto.
MARG.	(Se adelanta entre la multitud y cae de rodillas junto á Valentín gritando:)
	¡Valentín! ¡Valentín!
VAL.	¡Ah! ¡Margarita!...
	¡Y bien! ¿qué quieres tú?
	Apártate.
MARG.	¡Dios mío!
VAL.	Muero por ella...
	¡Necio en verdad!
	Al seductor
	quise matar...
CORO	¡Ah! ¡desgraciada!
	Por tí murió.

MARG.	¡Dolor horrible!
	¡Castigo atroz!
SIEBEL	¡Gracia para ella!
	¡Piedad! ¡perdón!
VAL.	(Sostenido por los que le rodean.)

Escucha, Margarita:
lo que ha de suceder sucederá
á la hora prescrita,
que obedecemos todos
de Dios la voluntad.
Tú te lanzaste por el mal camino,
y ya tus manos no trabajarán:
olvidarás, buscando los placeres,
todo deber y toda honestidad.
Un rubor vergonzoso
enrojece tu faz.
Mas... ¡en fin! la hora llega:
¡muero!... Aunque Dios perdone
mi maldición oirás.

SIEBEL	¡Oh, terror! ¡oh, blasfemo!
MARTA	En tu instante supremo,
CORO	hombre infeliz,

piensa en tí y en tu alma;
perdona, si deseas
el perdón para tí.

VAL.	Margarita,

¡sé maldita!
Morirás de muerte vil...
Yo muero como debe
el soldado morir. (Muere.)

CORO	¡Oh, día de terror!

que el Señor de los cielos
perdone al pecador.

FIN DEL ACTO CUARTO

ACTO QUINTO

Prisión

ESCENA PRIMERA

MARGARITA, dormida; FAUSTO y MEFISTÓFELES

FAUS.   Vete.

MEF.   Despunta el día,
se alzó el cadalso ya,
decide: Margarita
acompañarte ansia...
Duerme su guarda... ¡esta es la llave, ten!
(Le da una llave.)
y que tu mano abra la puerta.

FAUS.   ¡Bien!
Vé, vé.

MEF.   No hay que tardar,
Yo fuera esperaré. (Vase.)

ESCENA II

MARGARITA y FAUSTO

FAUS.   Traspasado de angustia está mi pecho:
¡oh cielo! ¡qué tortura!
¡Oh fuente de amargura
y de eterno dolor!

¡Ella!... ¡hela ahí! la celestial criatura
lanzada al fondo oscuro de una cárcel
como vil delincuente...
Quizá el dolor turbara su razón.
¡Oh Dios! su hijo inocente
á sus manos murió...
¡Margarita!

MARG. (Despertándose.)

    ¿Qué voz á mí llegó?
Aquesta voz el alma reanimó.
(Se levanta.)
Entre las risotadas de demonios,
  que yo en torno contemplo
reconozco su voz...
y su mano me atrae...
 ¡El me salva!... ¡está aquí!...
¡A mis pies vuelve al fin!
¡A mis pies con amor!
¡Eres tú!... ¡yo te amo!
Los grillos y la muerte
ya no me dan terror.
¡Hallaste á tu amada!
¡Ah! ya estoy salvada.
Al fin descansaré
sobre tu corazón.

FAUS. Sí, soy yo, que te amo,
que te amo y te adoro,
puro ángel de amor.
¡Al fin te he encontrado!
Romper tus cadenas
hoy puede tu amado...
Soy yo: ven, descansa
sobre el corazón

MARC. ¡Eres tú! miro el fiero
suplicio sin temor.
Tu amor me ha salvado,
te abraza mi amor.
Olvido amarguras,
dolores, torturas,
oprobio y rubor
olvido, y feliz
ya soy junto á tí.
Escucha: el sitio es este
donde me hablaste un día

de tu amor y tu mano
osó tocar la mía.
«¿Permitirás que yo,
»hermosa damisela,
»te ofrezca, cual galán,
»mi brazo con mi amor?
»No señor: yo no soy damisela,
»ni hermosa... damisela,
»y falta no me hace
»el brazo de un señor.

Faus. Sí: lo recuerdo bien.
Sígueme, el tiempo vuela.

Marg. (Apoyándose amorosamente en el brazo de Fausto)
Mira, mira el jardín sin igual,
todo lleno de flores hermosas,
do penetrar solías
cuando la noche oscura
todo el cielo cubría.
Donde los trinos de las aves,
como un himno de amor,
conmovían el corazón.

Faus. ¡Sí... mas ven! ¡Vuela el tiempo!
El alba brilla ya,
elévase el cadalso,
llega la hora fatal...
Aun puedo libertarte.
¡Huyamos, tiempo hay!

Marg. La hora fatal llegó...
Seguirte en vano intento.
Morir ¡ay! debo yo.
Tú sé feliz... feliz...

Faus. ¡Oh, qué tormento!
Luchar brioso con tu horrenda suerte
y arrancarte á la muerte
sabrá mi amor.

Marg. ¡No, no!
Faus. ¡Huyamos! ¡Por piedad!
Marg. ¡He de morir! ¡Adiós!
Faus. ¡Por piedad!... ¡Vuela el tiempo!...
Comienza el día á brillar...
¡Aun puedo yo salvarte!
(Vuelve Mefistófeles.)

ESCENA ÚLTIMA

DICHOS y MEFISTÓFELES

MEF. Alerta ó tiempo no hay.
Si pronto no partes
no os puedo yo salvar.

MARC. ¡Ah! ¿No ves un demonio en la sombra?
Fija en mí su mirada infernal.
Arrójale de este santo asilo.

MEF. ¡Huyamos, huyamos!
La aurora brilló.
Venid: nos esperan
los nobles corceles...
¡Venid, por favor!
Venid, aun de salvarla es tiempo acaso.

MARG. Señor, á tí te imploro,
á tí, á quien solo adoro...
¡Ah, guiadme, ángeles de Dios!
¡Ah, sí: guiadme del Señor al trono!
¡Clemente Dios, á tí yo me abandono!
¡Concededme el perdón!
¡Ah, sí: guiadme, espíritus celestes!
¡Ah, sí: guiadme al trono del Señor!

FAUS. ¡Margarita!

MARG. ¿Por qué
me mira con furor?

FAUS. ¡Margarita!

MARG. Su mano
en sangre tinta... ¡Huye!
¡Huye, me das horror!

FAUS. ¡Ah, Margarita!... ¡Muerta!

MEF. ¡Condenada!

CORO DE
NGELES } ¡Salvada!
Cristo resucitó.
Brilla una nueva aurora.
¡Paz y felicidad
al mortal que le adora!

FIN DEL DRAMA

NOTA

Las compañías líricas que ejecuten esta ópera traducida, satisfarán por derechos de representación, la misma cantidad que por la letra de una zarzuela en tres actos.

La *Casa Dotesio* tiene adquirido el derecho exclusivo de grabar la ópera FAUSTO con la presente letra castellana.

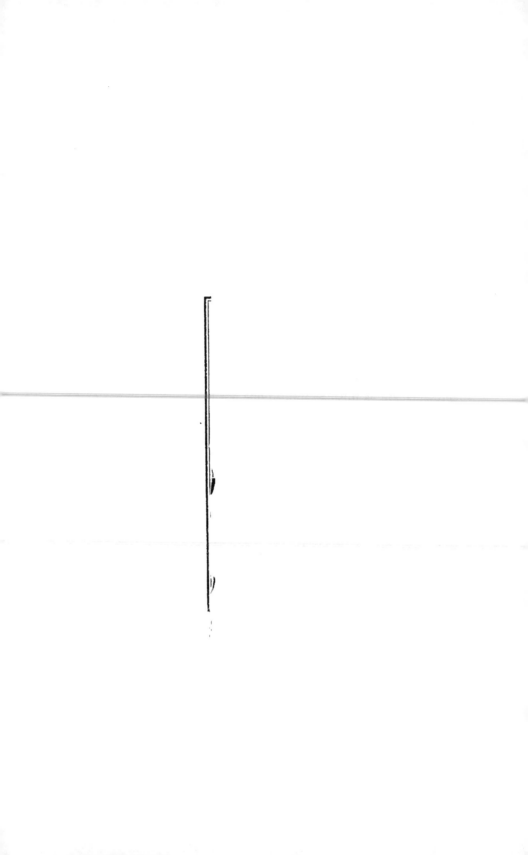

ÓPERAS

TRADUCIDAS POR EL MISMO AUTOR

VERDI........
- El Trovador.
- Rigoleto.
- Ernani.
- Un baile de máscaras.

DONIZETTI...
- La Favorita.
- Lucrecia.
- Lucía.

BELLINI.....
- Los Puritanos.
- Sonámbula.

GOUNOD...... Fausto.

MEYERBEER.. Los Hugonotes.

ADMINISTRACION

ÍRICO-DRAMATICA

N HIJO!

COMEDIA EN UN ACTO Y EN VERSO

ORIGINAL DE

MARIANO CAPDEPÓN

MADRID

CEDACEROS, 4, 2.ª IZQUIERDA

1891

ÓPERAS

TRADUCIDAS POR EL MISMO AUTOR

VERDI......

DONIZETTI...

BELLINI......

GOUNOD....

MEYERBEER.

CPSIA information can be obtained
at www.ICGtesting.com
Printed in the USA
BVHW071623280119
538839BV00028B/2303/P